AF206215

für dich.

BIBLIOGRAFISCHE INFORMATION DER DEUTSCHEN NATIONALBIBLIOTHEK: DIE DEUTSCHE NATIONALBIBLIOTHEK VERZEICHNET DIESE PUBLIKATION IN DER DEUTSCHEN NATIONALBIBLIOGRAFIE, DETAILLIERTE BIBLIOGRAFISCHE DATEN SIND IM INTERNET ÜBER http:// DNB. DNB. DE ABRUFBAR.

HERSTELLUNG UND VERLAG:

BOD - BOOKS ON DEMAND, NORDERSTEDT

ISBN 978-3-7448-7337-6

VIEL SPASS
BEIM KRITZELN!

Jede Rückseite ist leer, damit du dein fertiges Bild heraustrennen, aufhängen oder verschenken kannst.

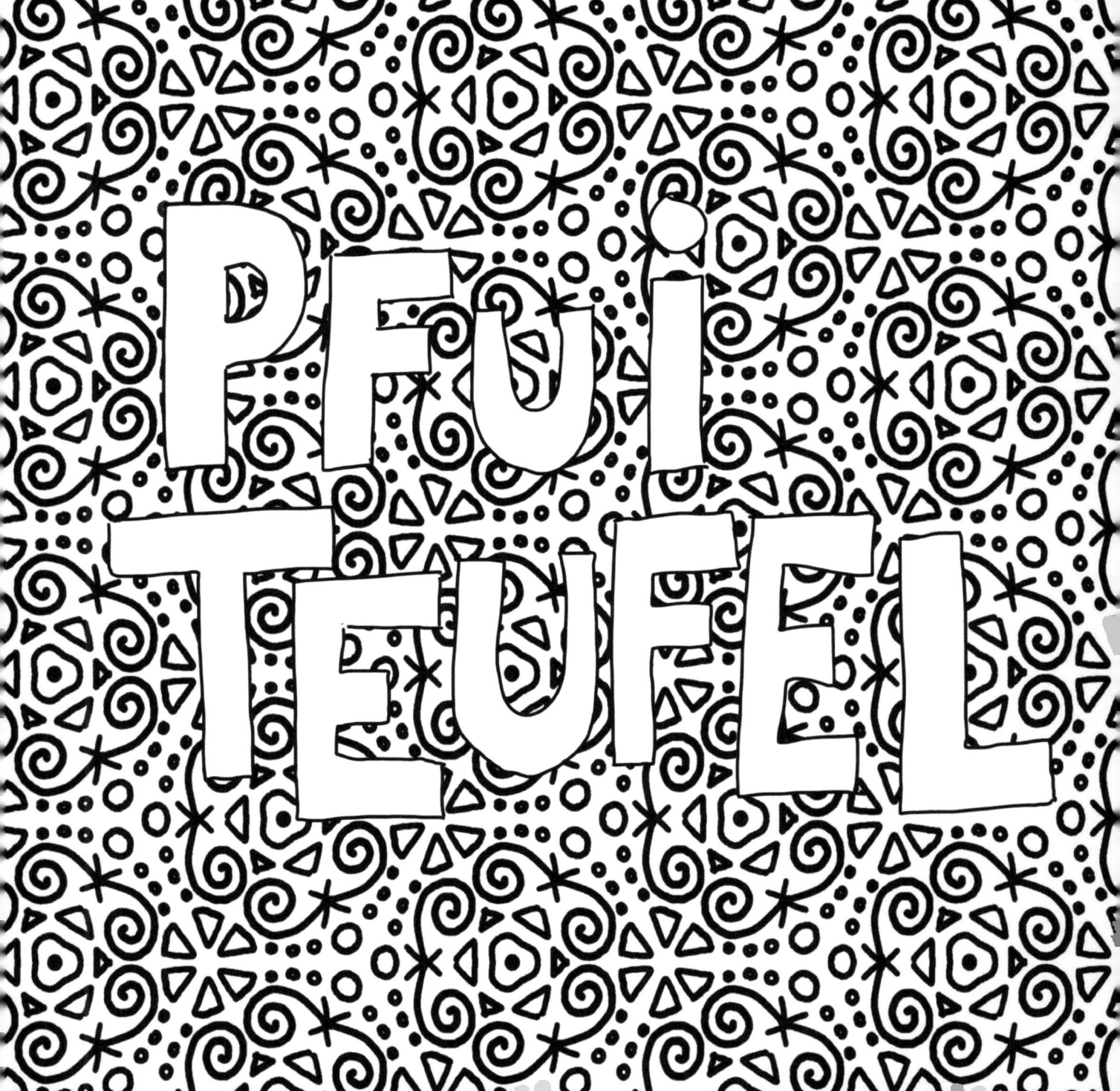

Ein Bonusbild der Mini-Kritzelfee

Verdammter Hühnermist

MARTJE KLEINHANS
IST DIE

Kritzelfee

MEHR KRITZELEIEN , INFOS,
KONTAKTMÖGLICHKEITEN ,
AUF

 http://kritzelfee.de

WORKSHOPS

I SEE
black
FOR YOU

PRINT
PRODUKTE

heute ECHT wichtig:

INSPIRATION
ÜBER MEINEN
NEWSLETTER UND
SOZIALE MEDIEN

BÜCHER,
BLÖCKE, MOUSEPADS...

Kritzelfilm KURS

ONLINE KURSE → Buchstäblich begeistern

http://kritzelfee.de